HISTOIRE

RÉSUMÉE

DE LA GUERRE D'ALGER.

Journal des Sciences Militaires,
Publié par J: Corréard J.ne

Hussein Pacha,

DEY D'ALGER.

HISTOIRE

RÉSUMÉE

DE LA GUERRE D'ALGER,

D'APRÈS PLUSIEURS TÉMOINS OCULAIRES.

SUIVIE

D'UNE NOTICE SUR LE DEY, D'UNE BIOGRAPHIE DES PRINCIPAUX OFFICIERS DE
L'EXPÉDITION, ET AUTANT QUE POSSIBLE DE TOUS LES OFFICIERS, SOUS-OFFICIERS
ET SOLDATS QUI SE SONT LE PLUS PARTICULIÈREMENT DISTINGUÉS.

Avec un Portrait du Dey.

Paris,

J. CORRÉARD JEUNE, ÉDITEUR-PROPRIÉTAIRE,
DIRECTEUR DU JOURNAL DES SCIENCES MILITAIRES.
Rue Richer, passage Saulnier, n. 13.

1830.

HISTOIRE

RÉSUMÉE

DE LA GUERRE D'ALGER.

L'origine de la guerre actuelle d'Alger remonte aux dernières années du dix-huitième siècle. De 1793 à 1798 deux négocians algériens, Bakri et Busnak, firent au gouvernement français des fournitures, particulièrement en grains. Le paiement de quelques-uns de leurs chargemens ayant été suspendu, pour cause d'avaries, et ensuite indéfiniment ajourné, par l'effet des changemens qu'amena le 18 brumaire, ces deux musulmans devinrent créanciers de la France pour une somme que, dans leurs réclamations postérieures, ils élevèrent à quatorze millions.

Comme les grains fournis avaient été en partie tirés des magasins de la Régence, le gouvernement d'Alger se trouvait intéressé dans cette créance : aussi, en demanda-t-il, à diverses reprises la liquidation. Las de réclamer envain, il retira aux Français les privilèges commerciaux dont, au prix d'une modique redevance, ils jouissaient sur quelques points des côtes de la petite Barbarie, notamment à Calle et à Bonn, siéges de factoreries.

Le gouvernement français jaloux de conserver ces priviléges ou *concessions* ainsi qu'on les appelait, s'y appliqua d'autant plus que les Anglais, alors comme depuis, s'offraient en
concurrence. Il consentit à entrer en arrangement et nomma
pour régler la liquidation un comité, qui s'en occupait encore,
quand arriva la restauration.

L'examen de la dette algérienne se continua. Enfin en 1819,
une transaction eut lieu pour 7 millions; mais à condition
expresse qu'on liquiderait sur cette somme les créances des
sujets français. Cette liquidation et les sommes immédiatement
payées aux deux créanciers directs absorbèrent presque les 7 millions. Le Dey ne s'attendait pas sans doute à ee résultat; quand
il l'apprit il entra en fureur. Il écrivit directement au Roi
de France. Il demanda qu'on lui livrât Bakri et Busnak, et
qu'on lui remit 2 millions qui étaient en séquestre : faisant
aux Français, dont ces deux millions assuraient la créance,
l'offre singulière de venir se faire rendre justice à Alger. Le
gouvernement français croyait de son côté avoir à se plaindre
1° de ce que la Régence lui contestait la propriété du territoire
où étaient situés ses comptoirs, et même en avait violemment
expulsé les concessionnaires; 2° de ce qu'en violation des trai-
tés, on admettait des étrangers en partage des priviléges ex-
clusivement réservés aux Français; 3° de ce que l'on avait
confisqué des marchandises françaises, saisies sur un bâtiment espagnol; 4° de ce qu'un bâtiment des États-Romains,
sous pavillon français, avait été capturé. L'intention de récri-
miner par tous ces griefs et d'en faire une espèce d'ultimatum
fut, dit-on, l'unique cause pour laquelle le ministre des re-
lations extérieures, alors M. de Damas, différa pendant plusieurs mois, de répondre au Dey. Ce retard cependant eut des
conséquences. Le Dey s'en trouva offensé; il le témoigna vivement, en plein divan, au consul, M. de Val, et s'emporta

même jusqu'à frapper cet agent de son chasse-mouche ou éventail de plumes de paon. Quelques personnes ont prétendu que le consul avait provoqué cet outrage par des réclamations importunes et des paroles irritantes. Ceci avait lieu le 3o avril, et le 13 juin, une escadre aux ordres du capitaine Collet parut devant Alger, prit à son bord M. de Val et fit proposer par le consul de Sardaigne, son ultimatum dans lequel on exigeait principalement, outre une réparation éclatante et publique, la cessation de la piraterie envers les bâtimens de Lucques, de Piombino, des États-Romains et de Toscane. Cet ultimatum ayant été rejeté, le commandant de l'escadre déclara le blocus, qui aussitôt commença. Ce blocus difficile, à raison de la violence et de l'instabilité des vents qui règnent sur cette côte, se continuait depuis plus de deux ans, sans autre résultat que d'avoir coûté déjà au-delà de 15 millions, quand une insulte, faite au mois d'août 1829, au pavillon français, détermina le gouvernement à prendre des mesures plus efficaces.

Un vaisseau de l'escadre de blocus, détaché auprès du Dey, en parlementaire, fut à son retour, et après que son commandant, le capitaine Labretonnière, eut échoué dans sa mission, assailli par le canon des forts, sur un ordre donné du palais même du Dey disent les uns, ou seulement, selon d'autres, parce que le vent l'obligeait de raser de trop près la côte et que l'ennemi en conçût des craintes. Le Dey voulut excuser cette violation : prétendant qu'il n'y avait eu aucune part, et que même il avait destitué le commandant des forts; mais le gouvernement français n'y vit pas moins une insulte impardonnable et qui réclamait vengeance.

Pour en finir, on résolut une expédition, à la fois maritime et militaire. Les élémens en furent en peu de temps rassemblés dans la rade de Toulon.

La flotte dut se composer de près de cent voiles de guerre,

dont 11 vaisseaux de ligne, 24 frégates, 25 bricks, 9 bateaux à vapeur, etc. Ces forces furent mises sous le commandement en chef du vice-amiral Duperré. Le contre-amiral Ducamp de Rosamel eut le commandement de la deuxième division navale ; le capitaine Hugon, celui de la flotille de débarquement.

L'armée de terre dut comprendre :

1° Vingt régimens d'infanterie, chacun de 1,600 hommes, en deux bataillons, savoir : les 3°, 6°, 14°, 15°, 17°, 20°, 21°, 23°, 28°, 29°, 30°, 34°, 35°, 37°, 48°, 49° d'infanterie de ligne, et les 1er, 2°, 4°, 9° d'infanterie légère ;

2° six escadrons de cavalerie, destinés seulement aux reconnaissances ;

3° 1,310 soldats, sous-officiers ou officiers du génie ;

4° Vingt-deux compagnies d'artillerie, dont 4 d'artillerie de marine, devant faire le service de terre ;

5° Six compagnies du train.

Le tout formant un total de 37,639 hommes, les états-majors particuliers, la gendarmerie et les ouvriers d'administration compris.

L'infanterie fut répartie en trois divisions, de trois brigades chacune.

Plus de 500 bâtimens de transport furent destinés à recevoir, outre ces troupes, une immense quantité de matériel et de munitions ; 76 pièces de siége de 16 et de 24, 8 obusiers de montagnes de 12, 8 obusiers de siége de 8, 12 mortiers, 20 pièces de bataille, chacune ayant 200 coups au moins à tirer, 1,800 fusées à la congrève, 150 *blancanst* ou fortifications mobiles en bois, pouvant mettre 150 hommes à l'abri d'un choc subit de cavalerie, 8,000 piques pour l'infanterie, 10 forges, 20,000 pioches, autant de pelles ; des vivres pour environ deux mois.

Le commandement de l'armée de terre fut réparti ainsi qu'il suit :

Général en chef, M. le lieutenant-général C$_{te}$ de Bourmont, ministre de la guerre ; chef d'état-major général, M. le lieutenant-général Desprez ; sous-chef, M. le maréchal de camp Tolosé ; commandant de l'artillerie, M. le maréchal de camp Lahitte ; du génie, M. le maréchal de camp Valazé.

Généraux de la 1re division, M. le lieutenant-général Berthezène ; MM. les maréchaux de camp, Poret de Morvan, baron Achard, baron Clouet ;

— De la 2e division, M. le lieutenant-général Loverdo, MM. les maréchaux de camp de Danremont, Monk d'Uzer, Colomb d'Arcine ;

— De la 3e, M. le lieutenant-général duc d'Escars, MM. les maréchaux de camp, Berthier, baron Hurel et comte de Montlivault.

Intendant-général, M. le baron Denniée.

Un lazaret destiné à évacuer éventuellement les blessés et les malades, fut établi à Mahon.

Des interprètes appartenant pour la plupart à l'ancienne armée d'Egypte, durent être attachés à l'état-major général, et aux états-majors particuliers.

Enfin, des dessinateurs, des naturalistes, des savans, un historien même, une imprimerie et des journalistes, furent attachés ou s'attachèrent d'eux-mêmes à l'expédition.

Tandis que notre armée se réunissait à Toulon, un fait atroce qu'on y apprit, le massacre de plusieurs marins appartenant aux équipages des briks l'*Aventure* et le *Sylène*, naufragés sur la côte algérienne, vint remplir tous les cœurs d'indignation. Ces équipages s'étant déterminés à se rendre à Alger, furent arrêtés en route par les Bédouins, dépouillés, conduits dans les montagnes, et là, comme je l'ai dit, égorgés en partie. Les têtes de ceux qui périrent furent, selon l'usage, exposées devant le palais du Dey. L'effendi, pour excuser cet acte horrible, dit que des démonstrations de débarquement de la part de la flotte, avaient exaspéré les habitans.

L'armée réunie à Toulon vers la mi-mai, s'embarqua avec pompe dans le port de cette ville, les 16, 17 et 18 du même mois. Les vents contraires la retinrent en rade l'espace de 10 jours et ce ne fut que le 25, qu'elle put mettre à la voile. Après avoir essuyé dans la nuit du 28 un coup de vent qui l'obligea de s'abriter sous le vent des îles Majorque et Minorque, elle parut le 30 en vue d'Alger, mais l'agitation de la mer ayant fait juger le débarquement impossible, elle s'éloigna de la côte sans avoir été aperçue, à ce qu'on pense, et se retira dans la baie de Palma où la flotille de débarquement et les convois non réunis ou momentanément séparés, durent la rallier; elle resta dans la baie jusqu'au 10, qu'elle remit encore en mer. Enfin, le 12 juin, à la pointe du jour, elle arriva de nouveau en face d'Alger, puis, longeant la côte à l'ouest, vint jeter l'ancre dans la baie de Sidi-Ferruch.

Selon les militaires les plus distingués, les précédentes expéditions contre Alger n'avaient échoué que parce qu'on avait pris terre à l'est, où se trouvent concentrés tous les moyens de défense. « Si l'on débarquait au contraire dans la baie de Sidi-Ferruch; avait-on dit, on ne trouverait aucun obstacle (de fortification s'entend) jusqu'au fort de l'Empereur qu'on pourrait enlever ou faire sauter en peu de temps; une fois maître de cette position, on établirait des batteries sur une hauteur qui commande la citadelle. La flotte devrait se montrer en même temps dans la baie. Ce plan bien exécuté, amènerait nécessairement la ville à se rendre où à être prise d'assaut. » L'évènement a pleinement jutifié cette prévision.

Le vent qui nous avait été très opposé le 12, et une partie du 13, permit enfin le débarquement, qui commença le 14, dès le lever du soleil et s'exécuta sans opposition. Quelques pelotons de cavaliers arabes, qui se montrèrent, furent éloignés par le feu des bateaux à vapeur *le Nageur* et *le Sphinx*. Une petite tour-mosquée, près du tombeau d'un saint musulman, avait été désarmée par l'ennemi, et abandonnée. Plusieurs hommes, néanmoins, furent tués ou blessés par l'artillerie ennemie, à terre et sur les vaisseaux.

On découvrait, à une lieue environ du rivage, un camp couvert par quelques batteries. La division Berthezène, la première débarquée, marcha aussi la première pour l'attaquer, avec 8 pièces de 12. Quoique battues en droiture par ces pièces, et de flanc par la flotte, les batteries du camp continuèrent pendant assez long-temps un feu très-vif : mais les divisions Loverdo et d'Escars s'avançaient contre l'ennemi ; la division Berthezène tournait sa gauche ; il céda et s'enfuit, abandonnant 13 pièces de 16 et 2 mortiers. On sut, par un sous-officier de la milice turque, fait prisonnier, et par des rapports subséquens, que les forces que nous eûmes à vaincre étaient de 14,000 hommes, Turcs, Maures ou Arabes. Notre perte en tués, portée par les bulletins à une trentaine d'hommes, ne s'éleva guère au-delà, d'après l'appréciation concordante de plusieurs officiers de différens corps.

Tel fut le combat de Sidi-Ferruch, ou Torre-Chica : nos soldats s'y conduisirent avec sang-froid et valeur, et firent présager de dignes émules des vainqueurs de Lutzen.

Dans cette première lutte, ils eurent déjà l'aspect d'une armée orientale, et purent acquérir l'idée de sa manière de combattre. La milice turque, surtout, étalait dans son équipement le luxe qu'on doit attendre d'une troupe privilégiée et participant à la souveraineté. Les rayons d'un soleil ardent, réfléchis par les couleurs tranchantes du costume et par le poli des armes, concouraient à former le spectacle le plus éblouissant.

L'infanterie turque et mauresque parut très-exercée : elle

tiràit avec des fusils plus longs et de beaucoup plus de portée
que les nôtres : il en était de même de quelques fantassins
arabes que les cavaliers amenaient en croupe à une certaine
distance de nos rangs, et laissaient postés en tirailleurs.

Quant à la cavalerie arabe, les troupes de la division Berthezène, celles de la brigade Achard surtout, eurent dès ce premier
jour, l'occasion de la bien connaître, ayant eu continuellement,
pendant leur marche pour tourner la gauche du camp , à soutenir ses charges , ce qu'elles firent avec succès. Quelques
compagnies des 3e de ligne, 2e et 4e légers, s'étant écartées du
gros de l'armée, eurent néanmoins beaucoup à souffrir. Il ne
faut pas se figurer les Bédouins armés et vêtus richement comme
les Mameluks ; leur seul luxe est leur excellent petit cheval.
C'est sur cet animal que ces hommes, maigres, petits, de la
plus mince apparence, mais néanmoins forts et surtout agiles ,
s'élancent rapides comme l'éclair, ayant pour vêtement presque
unique une couverture flottante, fixée sur le dessus de la tête ;
et pour arme principale, un fusil à longue portée, dont ils sont
très adroits à tirer. Ils portent en outre à la ceinture un
couteau fort affilé, dont l'usage est sans doute de couper les
têtes des ennemis qu'ils tuent ou blessent ; on sait que chacune
d'elles leur était payée un certain prix par le Dey. Aussi, malheur à ceux de nos soldats qui s'écartaient tant soit peu de leur
corps : assaillis par un rapide peloton, frappés de coups multi-
pliés , ils étaient entraînés, blessés ou morts, au moyen de
crochets de fer en forme de grappins, dont les Bédouins sont
généralement munis. En vain ils eussent demandé quartier ,
l'intérêt assurait leur perte. Peut-être eût-on sauvé bien des
hommes, en offrant aux Bédouins, pour chaque soldat blessé
ou pris qu'ils ameneraient, le double de ce qu'ils gagnaient
à sa décollation. Heureusement la capitulation du Dey a fait
cesser pour eux, l'intérêt de couper les têtes.

Cet usage de décapiter, et des mutilations plus cruelles encore, qu'on remarqua sur quelques cadavres, notamment sur ceux des deux officiers ***, exalta l'indignation de nos soldats, au point qu'on put difficilement les empêcher de se livrer à des représailles. Un Bédouin prisonnier, interrogé sur le motif de ces cruautés, répondit qu'elles leur obtiendraient la bénédiction du prophète : leurs prêtres les entretiennent dans cette opinion.

Avec un ennemi du genre des Bédouins, il était important d'assurer ses derrières ; il était d'ailleurs prudent d'attendre le débarquement de la plus grande partie de l'artillerie, qui n'était pas opéré encore, et, aussi, les chevaux, dont les convois écartés par un vent violent, de la côte d'Afrique, se trouvaient être en retard. Le général en chef résolut, avant de passer outre, de se fortifier dans sa position. Le terrain qu'on occupait forme une presqu'île de même nom que la baie. Cet emplacement parut d'autant plus convenable pour un camp, qu'on y trouvait des sources assez abondantes pour suffire à toute l'armée. Dès le 15, nos troupes, sous la direction du général Valazé, se mirent à l'œuvre, et en quelques jours, un fort retranchement, élevé à l'endroit le plus étroit de l'isthme, et garni de 25 pièces, en fit, selon l'expression sans doute un peu exagérée d'un de nos officiers, comme un autre Gibraltar ; l'isthme de Sidi-Ferruch devint du moins une excellente place d'armes, propre à servir de base pour les opérations ultérieures.

Nos travailleurs furent d'abord vivement inquiétés par les tirailleurs Turcs et Arabes, qui, à la faveur de l'espèce de forêt d'arbustes dont le pays est couvert, se glissaient jusque tout près de nos bivouacs. Des épaulemens, et le feu de quelques pièces, nous firent bientôt un abri. Cependant il y avait chaque jour, en tête de notre ligne, des combats partiels ; du

14 au 17, la brigade Achard, la 2ᵉ de la 1ʳᵉ division, fut presque perpétuellement engagée. Les Bédouins, surtout, ne laissaient à nos avant-postes de repos ni jour ni nuit ; ils fondaient avec rapidité sur nos rangs, se fiant pour fuir plus rapidement encore, à l'étonnante vîtesse de leurs chevaux, mais les boulets et la mitraille allaient plus vite encore ; on en tuait beaucoup dans la fuite.

Le 16, un orage des plus violens éclata. C'était une sorte de phénomène pour cette saison. L'amiral Duperré trembla un moment pour la flotte, surtout pour les bâtimens de convoi, entassés dans la baie, les uns sur les autres. Il prit, dès lors, le parti de les renvoyer à Toulon, à mesure des déchargemens. La pluie avait inondé les bivouacs, mais nos soldats en souffrirent peu ; les bruyères, les lentisques, les arbousiers, les genévriers, les pistachiers, les pins nains, d'autres espèces d'arbustes, pour la plupart résineux, leur fournissaient abondamment les moyens de se sécher. Ils tuaient d'ailleurs par foison les merles, les grives, les tourterelles, les pigeons ramiers et les cailles. Quelques-uns trouvaient piquant de faire cuire et de manger des serpens, dont ils avaient cru d'abord qu'ils seraient mangés. Le 18, eut lieu une répétition en plus petit, de l'orage du 16.

Dès le 15, les troupes battues à Torre-Chica avaient établi leur camp dans un lieu appelé Sidi-Kalef[1], à peu de distance des positions que, la veille, nous avions conquises. Le 16, on aperçut quelque infanterie mauresque : on savait vaguement que l'ennemi recevait des renforts : il ne montrait néanmoins que peu de forces : le 17, le général en chef ne les

---

[1] On avait cru d'abord que ce lieu s'appelait Staoneli, et plusieurs journaux donnent encore aujourd'hui ce nom au combat du 19.

jugeait être que de 10 à 11 mille hommes, dont les deux tiers environ de cavalerie : elles ne parurent pas augmentées le 18 : cependant on eut éveil que les contingens des beys d'Oran, de Constantine et de Titterie avaient joint; que la milice même d'Alger, sans égard au privilége ou à l'usage consacré, de ne point combattre hors des murailles de la ville, s'avançait, conduite par l'aga (ministre de la guerre), et que l'attaque du camp français aurait lieu le lendemain.

Effectivement, le 19 à la pointe du jour, l'armée ennemie forte de 40 à 50,000 hommes, s'avança en poussant des cris horribles sur une ligne beaucoup plus étendue que le front de notre camp. C'était un spectacle vraiment imposant que le déploiement de cette armée. La cavalerie, qui la composait en majorité, la faisait, par sa masse et par l'espace qu'elle occupait, paraître trois fois plus nombreuse qu'elle n'était réellement. Le sang-froid de nos troupes n'en fut cependant point troublé, et bien heureusement, car l'attaque des Turcs et des Bédouins fut également furieuse : des Arabes osèrent venir planter leurs drapeaux à dix pas du 28ᵉ de ligne; des janissaires allèrent jusqu'à franchir nos retranchemens où ils trouvèrent aussitôt la mort. Nos jeunes soldats formèrent instantanément des carrés et des redoutes étoilées comme avaient fait nos vétérans d'une autre époque, aux Pyramides et à Héliopolis. Dans les premières divisions, chaque brigade eut sa part d'efforts à soutenir. Les brigades Achard et Clouet furent assaillies par la milice turque, les brigades Poret de Morvan, Danremont et Monk d'Uzer, par les contingens des beys d'Oran et de Constantine. Toutes soutinrent, sans lâcher pied, les charges de l'ennemi : bientôt elles en vinrent à le charger à leur tour. La brigade Clouet commença l'offensive : elle fut imitée des brigades Achard et Poret de Morvan. Ce fut alors que le général en chef ordonna l'attaque du camp ennemi. La division Loverdo suivit le mouvement des brigades de la division Berthezène. La division d'Escars resta en partie à la garde de nos positions et en partie s'avança pour former la réserve. Huit pièces de bronze[1] qui armaient la tête du camp algérien, furent emportées par le 20ᵉ de ligne. Nos troupes s'étaient élancées avec tant de rapidité qu'elles pénétrèrent presque en même temps que l'ennemi dans ses retranchemens.

Ce ne fut plus dès-lors qu'une déroute : nos soldats occupèrent le camp sans éprouver aucune sorte de résistance. Ils y trouvèrent, outre des vivres, des provisions de luxe en abondance, plus de 100 chameaux et 400 tentes, dont celles des trois Beys et de l'Aga, d'une magnificence presque merveilleuse, ont été de suite expédiées pour Paris. L'artillerie légère a surtout contribué au succès de cette journée. Grâce au nouveau modèle d'affûts, elle a manœuvré avec plus de rapidité encore que dans nos campagnes les plus brillantes. Ce sont quatre coups à mitraille dirigés par le lieutenant Delamarre, qui ont à l'attaque de la brigade Clouet, déterminé la fuite des janissaires. C'est encore un artilleur, le capitaine Lelièvre, qui à la tête d'une batterie d'obusiers de montagnes, a eu le plus de part au succès de la division Loverdo.

Notre perte a été de plus de 100 tués et de 500 blessés au moins. Les 20ᵉ, 28ᵉ et 37ᵉ régimens sont ceux qui ont le plus souffert et se sont le plus distingués.

Plusieurs soldats ont refusé de quitter le champ de bataille, quoique blessés, entre autres le nommé Haus, du 21ᵉ et Rousselin, du 37ᵉ. Beaucoup d'autres actes d'intrépidité, n'ont eu

---

[1] On a remarqué que, parmi les pièces prises dans les deux combats, trois avaient été fondues en France : l'une sous Henri II., l'autre sous Henri IV, et la troisième sous Louis XIV.

par suite de la modestie de leurs auteurs, qu'une publicité de peloton. Tel a été le combat de Sidi-Khalef qui nous a fait avancer jusqu'à moitié chemin de Sidi-Ferruch à Alger.

L'absence de la milice turque avait paru aux principaux Maures et même à beaucoup de membres du divan, ennemis du Dey, une occasion excellente pour s'emparer du pouvoir. Le Dey, instruit du complot, en punit les auteurs avec toute la sévérité usitée en Orient.

On aurait pu marcher immédiatement sur la ville, et le lieutenant-général Berthezène le conseillait : mais le général en chef préféra attendre l'entier débarquement de la cavalerie de l'artillerie de siége, des munitions et des vivres, qui n'était point encore achevé. Il jugea prudent de ne pas interrompre l'investissement, avant de s'être assuré des approvisionnemens en tout genre pour un mois.

Du 19 au 24, il y eut chaque jour des engagemens partiels entre nos avant-postes et des détachemens de la cavalerie arabe. Les Bédouins semblaient avoir compris que des combats d'escarmouches convenaient seuls à leur ignorance, ou à leur mépris de toute tactique ; cependant, encouragés par l'immobilité où nous restions depuis la victoire de Sidi-Khalef, immobilité dont ils ne pouvaient pénétrer la cause, ils tentèrent une nouvelle attaque ; elle fut plus désordonnée encore et surtout moins vigoureuse que la précédente. La division Berthezène et la brigade Poret de Morvan sorties du camp en colonnes avec une batterie d'artillerie de campagne, chassèrent devant elles les assaillans qui, de toutes parts, avaient commencé à fuir, traversèrent rapidement le pays nommé Chikann et prirent position à 5,000 mètres environ des remparts d'Alger. C'est alors que l'ennemi fit sauter un magasin à poudre établi dans notre voisinage. Les colonnes de fumée qui s'en élevèrent à une hauteur prodigieuse, et qui réfléchissaient, au milieu

2

d'un ciel pur de tout nuage, les rayons du soleil, présentèrent
un spectacle aussi imposant qu'extraordinaire. Ce succès du
24 ne nous coûta que peu de monde mis hors de combat. Un
fils du général en chef, M. Amédée de Bourmont, y fut grièvement blessé.

Un parti de Bédouins profita du moment de l'attaque, pour
enlever, le 24, un convoi de munitions escorté par deux compagnies.

Le 25, l'ennemi reparut encore et nous força d'engager
quelques légers combats. Ce jour fut le premier de l'appari-
tion de nos cavaliers en ligne. Leur aspect parut produire sur
les Arabes une vive impression. On avait projeté pour le 26
une attaque qui devait porter nos troupes sur le plateau dont
le fort de l'Empereur se trouve dominé. Le général en chef
ayant appris que ce plateau était défendu par une forte artillerie, ne voulut pas qu'on tentât de l'occuper, avant d'avoir
rassemblé quelques pièces de gros calibre, indispensables pour
faire l'attaque avec sécurité et succès. En attendant, il donna
ordre au général Valazé d'aplanir la route de nos convois,
et d'y établir plusieurs redoutes destinées à les protéger. En
même temps, il priait le vice-amiral Duperré de commettre à
la garde du camp de Sidi-Ferruch 1,400 hommes de ses équipages, et ne laissait dans cette presqu'île qu'un bataillon du
48e, suffisant avec les marins de l'escadre pour la défendre
des attaques des Bédouins de l'ouest, et les contenir au-delà
de la Mazafran; enfin, non content d'appeler à lui presque
toutes les forces disponibles, il se déterminait à mander de
Toulon une brigade de la division de réserve.

Il est bien vrai qu'après le combat de Sidi-Khalef; quelques
chefs arabes avaient protesté que leur nation ne combattait
qu'à regret et qu'elle se soumettrait aussitôt que par un succès
décisif, on l'aurait rassurée contre la crainte de la vengeance

du Dey; mais aucun effet n'avait encore suivi ces promesses, et, de plus, de nouvelles hordes de Bédouins descendaient des montagnes et venaient jusque du désert, guidés par le fanatisme ou attirés par la soif du butin. En général une extrême prudence a caractérisé la conduite de M. de Bourmont dans cette campagne.

Ce même jour 26, un coup de vent qui assaillit la flotte, fit éprouver à son commandant de vives inquiétudes. « Je reconnais bien aujourd'hui, écrivait-il au ministre de la marine, que la baie n'est pas tenable; cependant, sans la présence d'une partie de la flotte, point de débarquement, et par conséquent point de vivres pour l'armée de terre. » Heureusement le succès complet de l'expédition est bientôt venu mettre fin à ces alarmes : nos vaisseaux peuvent désormais s'abriter dans la rade d'Alger.

Le 26, le 27 et le 28, il n'y eut que des affaires d'avant-postes, mais continuelles et très-meutrières. Ce dernier jour il arriva un grand malheur : des compagnies du 4e léger, ayant eu l'imprudence de démonter leurs fusils pour les nétoyer, furent assaillies par les Bédouins et en partie massacrées. Les escarmouches nous coûtaient depuis le 24 près de 1000 hommes tant tués que blessés. Ces pertes firent prendre enfin la résolution de tenter l'attaque des positions ennemies, différée depuis le 26.

Elle eut lieu le 29 à la pointe du jour, dans l'ordre suivant : les brigades Achard et Clouet, de la division Berthezène à droite; la division d'Escars à gauche; les brigades Danremont et d'Arcine (division Loverdo) au centre. L'ennemi, quoique la plupart des Bédouins fussent allés se jeter sur notre droite, dans le but d'inquiéter nos communications, présentait encore une force imposante; cependant après une vive, mais courte résistance, il fut enfoncé par les brigades Berthier et Hurel (3e di-

vision), les autres troupes n'eurent la peine que de le poursui-
vre. Le général Berthezène, rabattant par la gauche, alla se
placer avec deux brigades, entre la mer et le point d'attaque
de la division d'Escars, sur le plateau des collines avoisinantes.
Le général Loverdo, mettant à profit un accident de terrain,
posta deux bataillons sur un des versans du mamelon qui commande le fort de l'Empereur, à 400 mètres environ de ce fort,
dont le duc d'Escars s'approcha également le plus qu'il put,
dans le but d'en favoriser la prochaine attaque.

Cinq pièces de canon et un drapeau furent les trophées de
cette victoire; mais nous ne fîmes, non plus que dans les précédentes, aucun prisonnier.

Notre perte a été de moins de 100 hommes hors de combat.
On ne peut évaluer, même approximativement celle des ennemis, à cause du soin qu'ils ont toujours d'emporter leurs
morts : ils avaient l'audace de les venir enlever jusque dans nos
rangs.

Dans la nuit même qui suivit ce combat, qui n'a pas encore
reçu de nom, mais auquel on pourrait donner celui de *Sulthan
Kalassi*, le général Valazé, commença le tracé des premiers
ouvrages, à 250 mètres environ du château. Toutes les batteries se trouvèrent établies le 2 juillet.

Le 30 juin et le 1ᵉʳ juillet, les batteries du fort tirèrent sur
nos positions, mais avec peu de résultat. Pour faire diversion,
et rappeler à la défense des fortifications de la côte, une partie
des canonniers et même de la garnison, le contre-amiral de
Rosamel attaqua les batteries de la marine et du Môle, et
celles mêmes de la place, qui se trouvaient du côté du port.
Ce mouvement détermina l'ennemi à abandonner les batteries
de la pointe de Pescade, au nombre de quatre, dont deux dé-
sarmées et deux, armées de 28 canons.

Le lendemain, 2, le vice-amiral Duperré lui-même, lais-

sant au capitaine de vaisseau Cuvillier, le commandement de
la baie de Sidi-Ferruch, et le soin d'achever le débarquement
des vivres, vint renouveler l'attaque. Toute l'armée navale
défila, pendant plus de deux heures, à mi-portée des batteries
algériennes, depuis celles des Anglais jusqu'à celles du Môle,
c'est-à-dire sous le feu vivement nourri de plus de 300 canons;
et cela sans presque aucun dommage. Plus de 18,000 coups
furent échangés de part et d'autre. Le soleil se trouvait éclipsé
par la fumée. Les fortifications du port furent extrêmement
endommagées. On en voyait tomber des pans entiers. A terre,
le même jour, un conseil de guerre fut tenu. On prétend
qu'il se manifesta quelque dissentiment entre M. de Bourmont
et les principaux généraux sous ses ordres, qui, plus actifs ou
moins prudens, souhaitaient qu'on battît immédiatement le fort
de l'Empereur. Le général en chef ne voulut pas qu'on ouvrît
le feu avant que toutes les batteries d'attaque eussent été mises
en état de tirer. Le 4, enfin, au signal d'une fusée, 26 bou-
ches à feu, de divers calibres, tonnèrent contre le fort, qui
riposta avec vivacité. Les canonniers turcs, quoique la lar-
geur des embrasures les laissât presque à découvert, restèrent
courageusement à leur poste, depuis le point du jour que
s'ouvrit le feu, jusqu'à huit heures du matin, que ne pouvant
plus humainement tenir, ils cessèrent de nous répondre. Nous
continuâmes néanmoins notre tir, que M. le maréchal de camp
Lahitte dirigeait avec une activité et un talent qu'on ne sau-
rait assez louer, et nous nous disposions vers les dix heures,
à battre en brèche, quand se fit une explosion effroyable qui
détruisit une partie du château. C'était celle d'une mine, dont
l'existence avait été révélée au général en chef, par un Français, réfugié en Afrique à la suite d'une accusation de meurtre,
et fait prisonnier au combat de Sidi-Khalef. Il y eut pendant
un moment, comme un gouffre de feu : les pierres qui s'en

élancèrent ne blessèrent heureusement personne. Le maréchal de camp Hurel, commandant la tranchée, se précipita aussitôt pour occuper les ruines du fort, ce qu'il exécuta sans opposition, la garnison, comme on le pense bien, l'ayant évacué avant qu'éclatât la mine. Bientôt arriva en parlementaire, le secrétaire du Dey. Il offrait, au nom de son maître, de rembourser à la France tous les frais faits pour cette guerre. Mais il lui fut répondu, qu'il fallait préalablement mettre les Français en possession du port et de tous les forts, y compris le palais du Dey, la Casauba. Cet envoyé s'en retourna, laissant peu d'espoir que l'opiniâtre Hussein accédât à ces conditions. Deux des plus riches d'entre les Maures, vinrent ensuite : on suspendit, à leur prière, et sur la promesse que les forts de la ville se tairaient, le feu des batteries d'attaque, ce qui établit un armistice, dont le maréchal de camp Valazé, profita pour étendre ses communications en avant du fort. A 3 heures, puis à 4 heures de l'après-midi, reparut le secrétaire du Dey, accompagné du consul et du vice-consul d'Angleterre, pour demander, d'abord, un exposé par écrit des conditions exigées, ensuite un interprète, pour en conférer. On envoya, le 5, au matin, M. Brascheconti, ex-premier interprète de l'expédition d'Égypte. Hussein, après qu'on lui eût expliqué les bases de la capitulation, déclara qu'il y accédait, apposa son sceau à la note qui les contenait, mais demanda jusqu'au lendemain midi, pour les faire ratifier par son divan. Voici, du reste, quelles étaient les conventions :

« Le fort de la Casauba, tous les autres forts qui dependent d'Alger et le port de cette ville seront remis aux troupes françaises, ce matin à dix heures (heure française.)

» Le général en chef de l'armée française s'engage envers

S. A. le Dey d'Alger à lui laisser la liberté et la possession de ce qui lui appartient personnellement.

» Le Dey sera libre de se retirer avec sa famille et ce qui lui appartient dans le lieu qu'il fixera; et tant qu'il restera à Alger, il y sera, lui et toute sa famille, sous la protection du général en chef de l'armée française; une garde garantira la sûreté de sa personne et celle de sa famille.

» Le général en chef assure à tous les soldats de la milice les mêmes avantages et la même protection.

» L'exercice de la religion mahométane restera libre; la liberté des habitans de toute classe, leur religion, leurs propriétés, leur commerce et leur industrie ne recevront aucune atteinte, leurs femmes seront respectées; le général en chef en prend l'engagement sur l'honneur.

» L'échange de cette convention sera faite avant dix heures ce matin, et les troupes françaises entreront aussitôt après dans la Casauba, et successivement dans tous les autres forts de la ville et de la marine. »

Cependant le général Valazé continuait du pied du *Sulthan Calassi* ses dispositions d'attaque contre la Casauba : heureusement la ratification de la capitulation par le divan, les rendit vaines. Nos soldats prirent, à 11 heures, possession de la ville et des forts garnis de leurs 1,500 pièces. Le vaisseau amiral de notre flotte, *la Provence,* vint en même temps, mouiller dans le port et sous les murs d'Alger.

Le bateau à vapeur le Sphynx a été sur le champ envoyé pour recueillir les équipages des deux bricks le *Sylène* et l'*Aventure*, qu'heureusemennt la modération du Dey avait défendus contre l'exaspération des habitans. Ils sont déjà arrivés en France.

Le maréchal de camp Tolosé a été nommé gouverneur d'Alger. On répare le fort de l'Empereur qui, vu de loin, ne ressemble pas mal à notre château de Vincennes.

8,000 hommes seulement sont entrés dans la ville. Le reste est principalement cantonné dans les délicieux vergers qui l'entourent. Nos soldats s'accordent à regarder ce pays, d'un aspect presque merveilleux, comme un autre paradis terrestre. Les Algériens paraissent enchantés d'avoir échangé le despotisme brutal des Turcs contre l'administration douce et paternelle des Français.

Le bey de Titterie a fait sa soumission. On espère qu'il sera imité par les beys de Constantine et d'Oran.

Une commission s'occupe, sous la direction de M. l'intendant général Denniée, de réorganiser l'administration.

Le vice-amiral Duperré exécuta, depuis l'embarquement à Toulon jusqu'à la conquête d'Alger, plus même qu'on ne devait attendre de son habileté bien connue.

La conduite militaire de M. de Bourmont dans cette campagne, que quelques stratégistes impatiens lui ont reproché d'avoir fait durer le court espace de trois semaines, a été également, toute partialité à part, véritablement digne d'éloges. Il a rempli le double but que doit se proposer tout général, qui est d'atteindre au succès avec le moins de frais et le plus de sécurité possibles.

M. le baron Duperré a reçu du Roi le titre de pair; M. le comte de Bourmont le bâton de maréchal de France.

NOTICE

SUR LE DEY D'ALGER.

Voulez-vous vous figurer Hussein Bey, ce Dey, qui paie aujourd'hui si cher la célébrité qu'il s'est acquise parmi nous,... examinez le portrait qui est en tête de cette brochure? A ce front sourcilleux, comme celui du lion des déserts, à ces traits fortement contractés, vous reconnaîtrez aisément l'irritabilité musculaire, la violence de caractère, qu'imprime l'ardeur du sang oriental et dont les suites ont conduit nos braves à s'emparer des remparts d'Alger. Mais cette physionomie, pourtant, n'offrira pas à vos yeux le signe de l'inflexibilité despotique et musulmane, de cette impassibilité de la colère, si je puis ainsi dire, que donne aux souverains turcs l'habitude de tout pouvoir et leur croyance du fatalisme. Vous y découvrirez au contraire, que si dans l'emportement Hussein peut être redoutable, Hussein de sang froid peut fléchir.

Au nom de Turc, s'attache ordinairement l'idée de formes athlétiques; ce n'est pas sur ce modèle qu'il faut s'imaginer l'ex-Dey d'Alger. Il est fort petit de taille et a peu d'embonpoint. Ses yeux noirs, perçants et très-vifs, un teint naturellement foncé, bruni encore par le climat et une barbe qui porte les traces des outrages de l'âge, achèvent au physique le portrait d'Hussein.

Il a joui long-temps d'une réputation de justice et d'inté-
grité. À l'époque de son avènement, il rendit à la liberté et
gratifia d'une indemnité de 5,000 piastres chacune, deux
jeunes filles, l'une juive, l'autre chrétienne d'origine sarde,
que la brutale incontinence de son prédécesseur avait ravies à
leur famille : en général on se louait de sa modération.

Hussein, avant son élection, était considéré pour ses mœurs
militaires et pour sa bravoure. Il s'était élevé de grade en
grade jusqu'aux plus élevés de la milice turque. Il avait sans
doute pris une grande part aux révoltes contre ses prédéces-
seurs, puisque le choix des troupes se fixa sur lui. Il fut élu à
la fin de février 1818.

Des journaux en font un être borné au point de répondre
à quelqu'un qui lui conseillait de s'opposer au débarquement
des Français : « Mais comment voulez-vous que je les prenne,
si je ne les laisse pas venir » ; d'avoir cru que nos soldats se
battaient enchaînés, parce qu'ils se serraient les uns contre les
autres, et imaginé que ceux du premier rang demandaient
grâce, lorsqu'ils mettaient un genou en terre. Le fait est qu'il
ne manque pas absolument d'esprit et d'une certaine entente
de l'administration, et qu'il est plus éclairé que le commun
des Turcs. Il a été *ulema* ou docteur de la loi. Il est fils d'un
hasnadgi ou ministre des finances et de l'intérieur nommé
Hazan ; on le dit âgé de près de 55 ans.

Si, comme il est de notre intérêt et de notre droit, nous con-
servons Alger, Hussein aura rempli un règne de douze ans et
demi, c'est-à-dire l'un des plus longs que Dey ait jamais
fournis. Il sera aussi le premier pacha d'Alger qui ait survécu
à la chûte de sa puissance.

NOTICES

SUR LES PRINCIPAUX OFFICIERS DE L'EXPÉDITION.

Armée de Terre.

LOUIS-VICTOR-AUGUSTE, COMTE DE GAISNE DE

BOURMONT,

GÉNÉRAL EN CHEF.

Né en 1773, au château de Bourmont, près d'Angers, il était avant la révolution officier aux gardes françaises; il émigra et fut envoyé par le prince de Condé dans certaines localités de l'ouest de la France pour y organiser l'insurrection. Après avoir été rendre au prince compte de sa mission, il revint auprès du général Scepeaux, et fut nommé major-général de l'armée vendéenne. Député en Angleterre pour y presser l'envoi des secours promis par le gouvernement de ce pays, il y fut très-bien accueilli du comte d'Artois qui voulut l'armer lui-même chevalier, et lui donna l'accolade, selon les anciens usages. Les affaires des royalistes ayant mal tourné dans l'ouest où il était revenu, il retourna en Angleterre. En 1799, il revint se mettre à la tête d'une troupe d'émigrés bretons avec laquelle il entra au Mans. Coupé de ses communications avec Georges Cadoudal, par suite de la capitulation de plusieurs autres chefs, il fit aussi sa soumission, et vint demeurer à Paris : Fouché l'y fit bientôt arrêter. Il fut de 1803 à 1805 successivement enfermé à la tour du Temple, dans la citadelle de Dijon et dans celle de Besançon d'où il s'évada. Réfugié en Portugal, il eut l'habileté de se faire comprendre dans la capitulation de Lisbonne, suivit la retraite de Junot qui s'intéressa pour lui, vit lever le séquestre de ses biens et obtint le grade d'adjudant-colonel à l'armée de Naples. Nommé général de brigade, il se distingua en 1813 sous les murs de Dresde, et en 1814, défendit avec 1,200 hommes seulement la ville de Nogent contre toute une armée de coalisés. Ce fait d'armes lui valut le grade de général de division. Il commandait en 1815 la sixième division militaire, celle de Besançon où il avait été captif, quand débarqua Napoléon. Il parut suivre le mouvement politique du maréchal Ney auquel il était subordonné, et, par suite, reçut ou obtint le commandement de la deuxième division du corps aux ordres du général Gérard. Le 15 juin, veille de la bataille de Fleurus, il franchit les avant-postes et alla joindre le Roi à Gand. A la deuxième restauration, il fut nommé pair de France, commandant d'une division de la garde, et après la dernière campagne d'Espagne au succès de laquelle il contribua, à la tête d'une division de la garde, commandant de l'armée d'occupation. Enfin, M. de Bourmont a été membre du conseil supérieur de la guerre. Ministre depuis 1829, il vient, à l'occasion de l'importante conquête d'Alger, d'être nommé maréchal de France. M. de Bourmont est un homme de petite taille, d'une physionomie spirituelle : il paraît avoir la vue tendre. Sa conversation est agréable et variée ; il se distingue par les formes les plus polies. Il est père de sept enfans, dont deux filles et cinq fils dont quatre l'on suivi en Afrique.

LIEUTENANT-GÉNÉRAL BARON

DESPREZ,

CHEF D'ÉTAT-MAJOR.

Elève de l'école polytechnique, il était capitaine du génie à l'armée de Naples, en 1806. Il s'attacha à la fortune de Joseph Bonaparte, qu'il suivit en Espagne, lorsque celui-ci alla pour y revêtir une couronne. Il s'y éleva de grade en grade, jusqu'à celui de général de division. A la restauration, le général Desprez ne fut admis à rentrer dans l'armée française, que comme maréchal de camp. Chef d'état-major du corps d'armée du maréchal Moncey en 1823, il fut, après la campagne et à l'occasion du sacre, rétabli dans son ancien grade de lieutenant-général. Il commanda pendant quelque temps l'école d'application d'état-major, et est encore président du comité de son arme. M. le général Desprez est un homme de petite stature, maigre, et, malgré ses talens distingués, d'une apparence peu militaire.

MARÉCHAL-DE-CAMP BARON

TOLOSÉ,

SOUS-CHEF D'ÉTAT-MAJOR.

Sorti, comme le précédent, de l'école polytechnique, quitta le génie pour passer dans l'état-major du maréchal Soult, dont

il devint premier aide-de-camp, avec grade de colonel. Il fit,
en cette qualité, une grande partie de la première guerre
d'Espagne. Il servit, dans la deuxième, comme chef d'état-
major de la division Curial, et reçut à l'époque du sacre, le
grade de maréchal de camp. M. le général Tolosé est membre
du comité permanent d'état-major. C'est un fort bel homme,
d'environ 45 à48ans.

Il vient d'être nommé commandant de la place d'Alger.

MARÉCHAL-DE-CAMP VICOMTE

LAHITTE,

COMMANDANT EN CHEF DE L'ARTILLERIE.

Admis à l'école polytechnique en 1807, il sortit quatre ans
plus tard de celle de Metz, pour entrer dans le 8e régiment
d'artillerie à pied. Il devint aide-de-camp du général Berge,
et resta avec lui en Espagne, jusqu'à l'évacuation. En 1815,
ayant déjà le grade de capitaine, il fut fait, par le Roi, chevalier
de la Légion-d'Honneur. Pendant les cent jours, il alla joindre
dans son exil en Espagne, Mgr. le duc d'Angoulême, qui, en
récompense, le nomma chef de bataillon et officier de la Légion-
d'Honneur. A la formation de l'artillerie de la garde, il y fut
admis comme capitaine, chef de bataillon, puis y obtint bientôt le commandement d'un escadron. Il en sortit avec le titre
de lieutenant-colonel, aide-de-camp de M. le Dauphin, qu'il
suivit à la guerre d'Espagne. Il fut nommé colonel devant
Cadix, puis commandeur de la Légion-d'Honneur et chevalier
de Saint-Louis. La campagne de Morée lui valut, en 1829,

le grade de maréchal de camp. Enfin , il a été désigné pour diriger l'artillerie dans l'expédition d'Afrique. Ces trois campagnes successives ont fait dire à quelques-uns de ses collègues , qu'il avait comme un privilège d'activité. Il justifie , du reste , par une grande capacité , la confiance qu'on met en lui. Cet officier, qui a déjà parcouru une si belle carrière , n'a que 41 ans.

MARÉCHAL-DE-CAMP BARON

VALAZÉ,

COMMANDANT EN CHEF DU GÉNIE.

Fils ou proche parent du célèbre Girondin de même nom , entra d'assez bonne heure au service. Il fit , comme officier du génie, presque toute la première guerre d'Espagne, pendant laquelle il parcourut les différens degrés de son arme, jusqu'à celui de maréchal de camp , qu'il obtint en 1813. Digne émule de Rogniat et d'autres officiers distingués des corps d'armée de Suchet et de Soult, il dirigea avec succès plusieurs siéges, entre autres , si nos souvenirs nous servent bien , celui de Ciudad-Rodrigo. M. le général Valazé a inséré dans les journaux militaires plusieurs articles d'une haute érudition. C'est un homme de taille moyenne, à teint vermeil. Il paraît avoir de 48 à 50 ans. Il est membre du comité de son arme, et commandeur de la légion d'honneur. On loue beaucoup l'activité et le talent qu'il a déployés dans la campagne d'Afrique.

LIEUTENANT-GÉNÉRAL BARON

BERTHEZÈNE,

COMMANDANT DE LA PREMIÈRE DIVISION.

Naquit en 1780 d'un conventionnel, qui fut successivement membre du conseil des 500 et du corps législatif. Entré de fort bonne heure au service, il devint successivement major du 65ᵉ de ligne vers 1807, général de brigade peu de temps après, et général de division en 1813. Le général Berthezène, chargé pendant les cent jours d'apprécier les droits des officiers avancés depuis la restauration, remplit avec sagesse et modération cette mission délicate. Mis à la demi-solde en 1815, il resta en disponibilité jusqu'à l'époque de l'expédition d'Afrique. On dit que le commandement de la première division vacante lui est réservé.

LIEUTENANT-GÉNÉRAL VICOMTE

LOVERDO,

COMMANDANT DE LA DEUXIÈME DIVISION.

Né à Céphalonie en 1773; il entra au service de France vers 1791. Il monta assez lentement l'échelle des grades; cependant il fut fait général de brigade en 1813. S'étant, en 1814, prononcé pour la déchéance du chef de l'empire, le Roi en récompense le nomma commandeur de la Légion-d'Honneur et chevalier de St.-Louis. A l'époque du 20 mars 1815, il concourut avec le général Ernouf à protéger la retraite du duc d'Angoulême vers Sisteron. Il avait fait de vains efforts pour maintenir sous l'autorité royale une partie des départemens méridionaux. Le général Loverdo resta en état de surveillance pendant les cent jours et fut, après la défaite de Waterloo, un des premiers à faire réarborer le drapeau blanc. Il fut alors naturalisé Français, fait comte, nommé commandeur de la Légion-d'Honneur et commandant de la 11ᵉ division militaire, celle de Bordeaux. En 1828, il fut question de lui confier le commandement en chef de l'armée de Morée, mais il paraît qu'on préféra le laisser au conseil supérieur de la guerre dont il était l'un des membres les plus distingués. Ce général passe pour l'homme qui, après M. le général Préval, a le plus d'érudition militaire.

LIEUTENANT-GÉNÉRAL DUC

D'ESCARS,

COMMANDANT DE LA TROISIÈME DIVISION.

Fils d'un gentilhomme d'honneur du comte d'Artois député de la noblesse de Chatellerault à la constituante, il passa sa jeunesse dans l'émigration. Lorsqu'il fut en état de porter les armes, il prit du service dans l'armée anglaise, obtint le grade de lieutenant dans un régiment de cavalerie de la garde et fit, en cette qualité, l'ancienne guerre d'Espagne. Il était avec le duc de Guiche, de l'état-major de sir John Moore, et assista à la bataille de la Corogne où fut tué ce général anglais. A la restauration, il entra dans l'armée française avec le grade d'officier supérieur et parvint rapidement à celui de lieutenant-général, qui lui fut conféré le 10 décembre 1823. M. le duc

3

d'Escars est aide-de-camp honoraire de Mgr. le dauphin. On s'accorde à lui reconnaître de la capacité militaire, bien qu'il n'ait pas servi dans l'ancienne armée. Il peut avoir quarante ans.

MARÉCHAL-DE-CAMP BARON

PORET DE MORVAN,

CHEF DE LA PREMIÈRE BRIGADE. (PREMIÈRE DIVISION).

Né en 1773; il s'engagea à vingt ans dans l'artillerie, espérant d'être utile à son père, alors persécuté comme aristocrate. Il débuta sous Dugommier dans l'expédition des frontières d'Espagne, en 1793. Nommé adjudant, puis officier pour une action d'éclat au blocus de Gênes, il fit comme sous-lieutenant dans la 90e demi-brigade la campagne de Saint-Domingue. A son retour, il entra dans le régiment de la garde des consuls, en qualité de lieutenant, puis fit partie de la garde impériale à sa formation. Lieutenant-colonel de cette arme, il en partagea toutes les campagnes jusqu'à l'époque de la bataille de Wagram, qu'il alla prendre en Espagne le commandement du 34e d'infanterie légère. Nommé commandant de Soria et de son district, dans la vieille Castille, il défendit opiniâtrement cette place contre des forces écrasantes et pendant le siége, fut blessé deux fois. Rentré en France, à la tête du 3e tirailleurs, il fut fait officier de la Légion-d'Honneur et baron avec dotation. Sa bravoure lui valut à la bataille de Bautzen la croix de commandeur de a Légion-d'Honneur, et, à celle de Dresde, le grade de général de brigade. Il concourut avec les 3e et 4e tirailleurs grenadiers, à soutenir la pénible retraite de Leipsic. En 1814,

il se distingua à la bataille de Craone, et, en 1815, à celle de
Waterloo, où il commandait deux régimens de la garde. En
1816, quoiqu'il n'eût point marqué par des opinions tranchantes, il fut arrêté et mis en route sur Strasbourg, pour y
être jugé et subir selon le ministre de la guerre d'alors, Clarke,
le sort de Ney et de la Bédoyère. Son épouse qui le suit lui
procure des moyens d'évasion. Il suit quelque tems à travers
les montagnes les pas d'un guide sûr et arrive jusqu'au Rhin
qu'il traverse à la nage. Arrêté sur le territoire de Bade à la
requête du gouvernement français, il parvient à voir et à inté-
resser le duc qui lui laisse continuer sa fuite. Il atteint jusqu'à
Munich, et par l'entremise de l'ex-vice-roi d'Italie, obtient du
roi de Bavière la faculté d'habiter à Eichstadt sous un nom
supposé. Il prend celui de baron Schelder. Rentré en France
en 1817, en vertu d'une ordonnance d'amnistie, il refusa, par
besoin de repos, le commandement d'une subdivision, qui lui
fut offert en réparation de préventions dont on avait reconnu le
peu de fondement. Il fut en 1829 chargé d'une inspection; le
général Poret de Morvan ne représente pas son âge; c'est un
fort bel homme, d'une taille vraiment grenadière, telle qu'il
la faut pour conduire des soldats au début d'une guerre, lorsque la confiance aux qualités purement internes, n'a pu encore s'établir. Le général Poret de Morvan réunit d'ailleurs
aux avantages extérieurs une expérience et un talent très-dis-
tingués.

MARÉCHAL-DE-CAMP BARON

ACHARD,

COMMANDANT DE LA PREMIÈRE BRIGADE. (PREMIÈRE DIVISION.)

Il est natif de l'une des Antilles françaises : il acquit en campagne tous ses grades, tous ses ordres et son titre. Avant la restauration, il était colonel du 108e de ligne, jouissait d'une juste renommée de capacité et de bravoure, et avait été plusieurs fois proposé pour le grade de général de brigade. Il se signala principalement en Russie, au combat de Mohilow. Le Roi le fit, en 1814, officier de la Légion-d'Honneur et chevalier de Saint-Louis. En 1815, il eut un commandement dans d'Ouest. Depuis la réorganisation de l'armée, il fut colonel du 18e de ligne, et enfin en 1823, obtint le grade de maréchal de camp. Le général Achard est fort estimé des troupes.

MARÉCHAL-DE-CAMP BARON

CLOUET,

COMMANDANT DE LA TROISIÈME BRIGADE. (PREMIÈRE DIVISION).

Né dans la ci-devant Bretagne, il entra d'abord dans l'arme du génie, et y devint promptement officier. Le maréchal Ney le prit au nombre de ses aides-de-camp. Il fit avec ce célèbre guerrier les campagnes de Russie, de Saxe et de France,

en 1812, 1813 et 1814. Il se trouvait en 1815, à Lons-le-
Saulnier, quand Napoléon débarqua de l'île d'Elbe ; M. Clouet
manifesta dès-lors des opinions favorables au maintien des
Bourbons. Il suivit néanmoins le maréchal en Belgique, mais
il le quitta la veille de la bataille de Fleurus, et alla conjointe-
ment avec le général Bourmont, joindre le Roi à Gand.

Après la deuxième restauration, il eut le commandement de
la légion de la Somme. Mis en disponibilité en 1817, il fut
réemployé, à l'époque de la guerre d'Espagne. Il avait, sous
ses ordres, au siége de Saint-Sébastien, le 19ᵉ d'infanterie légère. Nommé maréchal de camp le 3 octobre 1823, il commanda la subdivision militaire dont le chef-lieu était à Orléans.
Quand M. de Bourmont fut porté au ministère, ce général
l'appela près de sa personne, lui confia la direction de l'administration de la guerre, et ensuite, s'en fit suivre sur le territoire africain. M. le général Clouet est auteur de quelques
écrits militaires : il a une facilité d'élocution remarquable.

M. le général Clouet peut avoir de 40 à 45 ans. Il est pas-
sioné pour la musique : il chante admirablement bien, et passe,
en ce genre, pour le plus fort amateur de France.

MARÉCHAL-DE-CAMP (DENIS) COMTE DE

DANREMONT,

COMMANDANT DE LA PREMIÈRE BRIGADE. (DEUXIÈME DIVISION).

Elève de l'école militaire, il était, avant la restauration, aide-de-camp du duc de Raguse, son parent ou son allié. Il suivit, en 1826, ce maréchal, dans son ambassade solennelle au sacre de l'empereur Nicolas. M. de Danremont a, depuis 1815, obtenu un avancement rapide. Sa nomination au grade de maréchal de camp, date de 1821. Il fit, l'année dernière, une inspection dans le département du Nord. Cet officier général a une figure belle et imposante. M. de Danremont était allié du général Foy. Il avait pour aide-de-camp, en Afrique un de leurs parens communs.

MARÉCHAL-DE-CAMP VICOMTE

MONK DUZER,

COMMANDANT DE LA DEUXIÈME DIVISION. (DEUXIÈME BRIGADE).

Il reçut le jour à Tarbes. Quoique né d'une famille titrée, et marié déjà, il s'engagea comme simple soldat dans un régiment d'infanterie. Il franchit rapidement les plus bas grades, et devint bientôt aide-de-camp du général Darricau. On prétend que l'identité de son nom avec celui du fameux Monk d'Angleterre, indisposa contre lui le chef de l'empire, et nuisit à son avancement. Il est de fait que ses talens, son activité, son courage, semblaient lui donner droit aux grades les plus élevés. Nommé, en 1815, commandant de la légion de l'Yonne, il fit, à la tête de ce corps, transformé en 60ᵉ régiment de ligne, la campagne de Catalogne, et, par suite, fut nommé maréchal de camp. A près de soixante ans, le général Monk d'Uzer a des traits d'une beauté antique.

MARÉCHAL-DE-CAMP

COLOMB D'ARCINE,

COMMANDANT DE LA TROISIÈME BRIGADE. (DEUXIÈME DIVISION.)

Né dans les environs de Chambéry, M. Colomb d'Arcine fut un élève distingué de l'école de Saint-Cyr. Il fit avec distinction les dernières campagnes de l'empire, et parvint au grade de capitaine chef de bataillon. A la restauration, il entra dans la maison militaire du roi, fut ensuite nommé colonel, et bientôt obtint le commandement d'un régiment de la garde. Il fut fait maréchal de camp le 3 octobre 1823, à la suite de la campagne d'Espagne. M. Colomb d'Arcine passe pour un bon officier.

MARÉCHAL-DE-CAMP VICOMTE

BERTHIER DE SAUVIGNY,

COMMANDANT DE LA PREMIÈRE BRIGADE. (TROISIÈME DIVISION.)

Fils ou proche parent de l'intendant de Paris du même nom, qui fut, en même temps que son beau-père, le ministre Foulon , pendu à la trop fameuse lanterne de la place de Grève, le vicomte Berthier ne pouvait guère servir le gouvernement qui, peu de temps après commença de succéder à la monarchie. Aussi fit-il toutes ses campagnes aux armées de Condé et de l'Ouest. A la restauration, il fut admis comme colonel dans l'armée française et eut le commandement du 3ᵉ régiment d'infanterie de la garde. Il fut fait ensuite maréchal de camp et fit en cette qualité la campagne d'Espagne, d'abord dans la division d'Autichamp, ensuite dans la division Bourk en Gallice. Depuis, le vicomte Berthier a été chargé de plusieurs inspections. Ce général est bon manœuvrier, très-actif, mais passe pour fatiguer ses troupes. Peut-être aussi outre-t-il la piété, en obligeant ses soldats à faire maigre et à jeûner, même en campagne. On le regarde, après le général Lanusse, comme le militaire le plus dévôt de l'armée. M. Berthier est né en Bretagne et peut être âgé de soixante ans , mais ne paraît pas cet âge. Il a un fils qu'il a emmené avec lui en Afrique.

MARÉCHAL-DE-CAMP BARON

HUREL ,

COMMANDANT DE LA DEUXIÈME BRIGADE. (TROISIÈME DIVISION.)

Entré de bonne heure au service comme simple soldat, il prit une part active à presque toutes les guerres de l'empire, et acquit en campagne le titre de baron et tous ses grades. Il servait dans l'ex-garde sous le général Curial, quand vint la restauration. Après l'organisation des légions, et lorsqu'on en eût résolu le doublement dans certaines localités, il obtint le commandement de la légion *bis* de la Seine. Au rétablissement des régimens, le colonel Hurel passa à la tête du 6ᵉ d'infanterie légère, avec lequel il fit en 1823 la campagne de Catalogne dans le corps d'armée du maréchal Moncey. Il fut nommé maréchal de camp pendant la campagne, le 23 juillet. Depuis, il a eu un commandement aux colonies. C'est lui qui devant Alger s'élança le premier avec sa brigade, sur les ruines du fort de l'Empereur. M. le maréchal-de-camp Hurel a dans l'armée la réputation d'un bon officier.

MARÉCHAL-DE-CAMP COMTE DE

MONTLIVAUT,

COMMANDANT DE LA TROISIÈME BRIGADE. (TROISIÈME DIVISION.)

Ce général est né dans les environs du château de Chambord; son père, actuellement employé supérieur de l'administration des postes, le destinant à la carrière des armes, le fit admettre à l'école militaire de Saint-Cyr. Le jeune Montlivaut en sortit bientôt pour entrer dans un régiment. Il servit quelque temps comme aide-de-camp d'un général; puis s'étant élevé jusqu'au grade de colonel, il obtint le commandement du 4ᵉ de ligne (régiment de Joseph Bonaparte). A la restauration, il se prononça pour la cause de la légitimité, et à la formation de la nouvelle garde, eut dans cette arme le commandement d'un régiment d'infanterie. Il fut nommé maréchal de camp à l'époque de la guerre d'Espagne. Depuis, il a commandé successivement les subdivisions militaires de Grenoble et de Chartres. M. le général de Montlivaut est beau-frère et neveu de préfet; il a épousé la fille d'un quartier-maître de l'ex-garde. C'est un très-bel homme, qui représente de 40 à 45 ans.

BARON

DENNIÉE,

Commandant de la Légion-d'Honneur, intendant en chef, membre du comité de l'intendance, remplit les fonctions d'intendant - général de l'armée d'Afrique. Il est fils de l'estimable ordonnateur en chef de Denniée, mort tout récemment. Il a été, dans l'avant - dernière guerre d'Espagne, inspecteur aux revues du corps d'armée du duc de Bellune. En 1816, il fut nommé intendant de la division de Lille, et en 1828, membre du Conseil supérieur de la guerre, en même temps que M. l'intendant Regnault. Il présenta à ce Conseil, sur la réorganisation de l'intendance, un projet qui n'a pas eu de suites. Il se trouve par son emploi, chargé de l'inventaire des trésors du Dey.

Armée navale.

VICTOR-GUY

DUPERRÉ,

COMMANDANT EN CHEF.

Né à La Rochelle en 1775 d'un trésorier de la guerre, il fit ses études chez les oratoriens de Juilly. Il débuta dans la marine marchandé en 1791. Après un voyage de cinq ans dans les mers de l'Inde, il passa sur un bâtiment de l'état. Le grade d'enseigne devint en 1795 le prix de ses courts, mais déjà utiles services. L'année suivante, le vaisseau qu'il montait fut pris par sir Edward Pelew, depuis (circonstance remarquable!) ce lord Exmouth, son prédécesseur immédiat dans l'attaque d'Alger. Rendu à la liberté, il reçut en 1799 le commandement d'un brick qu'on envoyait aux Antilles. A la rupture de la paix d'Amiens, on l'attacha comme lieutenant de vaisseau à l'état-major général de la flotille devant Boulogne. Nommé en 1806 capitaine de frégate, il se trouve en revenant de la Martinique sur, *la Syrène*, coupé par deux bâtimens de guerre anglais, soutient contre eux cinq quarts d'heures de combat, force le passage et rentre dans le port de Lorient à la vue de toute une division ennemie. Le grade de capitaine de vaisseau fut sa récompense; il alla avec *la Bellone* croiser dans les parages de l'Ile de France, força à se rendre un brick anglais et une frégate portugaise, puis l'année suivante, fortifié de ces prises, battit trois vaisseaux anglais qui ramenaient de l'Inde le 24ᵉ de ligne, en captura deux, et, à son retour dans le port, trouvant la forteresse qui le fermait occupée par l'ennemi, y entra néanmoins en essuyant le feu des batteries. Là, il s'empara successivement de quatre vaisseaux anglais qui vinrent l'attaquer et recouvra même le fort en faisant prisonnière la garnison. Un exploit si glorieux lui valut, à son retour en France en 1809, les titres de baron et de commandant de la Légion-d'Honneur. Nommé peu après contre-amiral, il commande l'escadre légère de l'armée navale dans la Méditerranée, puis en 1812, toutes les forces françaises et italiennes dans l'Adriatique. A l'investissement de Venise par les Autrichiens (1813 et 1814), il y organise le système de défense des lagunes. Il reçoit, en 1814, la croix de Saint-Louis, est en 1815 préfet maritime de Toulon, et de 1818 à 1821, commandant

des forces navales françaises, dans les parages des Antilles qu'il
purge des pirates qui les infestaient. Depuis, ses services n'ont
pas été moins distingués. Enfin, la campagne d'Alger vient de
mettre le comble à sa haute et juste renommée.

DEUXIÈME DIVISION NAVALE,

DUCAMP DE ROSAMEL,

COMMANDANT.

Est né vers 1780, aux environs de Boulogne, d'une famille
noble. Il entra de bonne heure dans la marine, et parvint en
assez peu de temps, au grade de lieutenant de vaisseau. Il fit,
en cette qualité, plusieurs départs du port de Brest, où il se
maria. Il passa de ce port à celui de Boulogne, sur la flotille
destinée à opérer contre l'Angleterre. M. Ducamp de Rosamel
se distinguait par des formes et une beauté antiques. Napoléon
visitant la flotille avec son ministre de la marine, aperçut le
jeune lieutenant debout sur son bord ; il demanda à Decrès,
qui il était, et quand il le sut, ordonna de prendre des mesures
pour qu'il ne s'offrit plus à sa vue. Pour comprendre la cause
de ceci, il faut savoir qu'une demoiselle de Rosamel était, à tort
ou à raison, accusée d'avoir trempé dans les dernières machi-
nations contre le pouvoir du premier consul. Le duc Decrès,
qui, connaissant personnellement le jeune marin, l'aimait
pour ses qualités de cœur, et l'estimait pour son courage et
pour ses talens, le fit passer dans la Méditerranée. Le lieutenant
de Rosamel arma plusieurs fois dans le port de Toulon. Il ne
tarda pas à mériter et à obtenir d'abord le grade de capitaine

de frégate, ensuite celui de capitaine de vaisseau, puis enfin celui de contre-amiral. Depuis la restauration, il a fait plusieurs croisières dans les colonies, et un voyage dans la mer du Sud. Il est âgé de plus de cinquante ans.

FLOTTILLE DE DÉBARQUEMENT.

HUGON,

CAPITAINE DE VAISSEAU, COMMANDANT.

Né à Grandville, près de Saint-Malo, il se destina fort jeune à la carrière qu'il remplit si glorieusement aujourd'hui. Il était, en 1807 et en 1808, enseigne de vaisseau dans le port de Brest. Déjà il donnait de grandes espérances. Il fut élevé, pour prix de ses services, au grade de sous-lieutenant de vaisseau, puis à celui de lieutenant, et passa en cette qualité sur l'escadre d'Anvers. Nommé successivement ensuite, capitaine de frégate et capitaine de vaisseau, il fut chargé d'escortes importantes et de plusieurs croisières. Il était, à Navarin, capitaine de pavillon de l'amiral de Rigny. Tout le monde connaît l'habileté et la bravoure qu'il déploya dans cette occasion mémorable. Il reçut en récompense, le titre de baron et celui de capitaine de pavillon de monseigneur le duc d'Angoulême, grand-amiral. La campagne d'Alger, où il a conduit plusieurs opérations difficiles avec un plein succès, et pour me servir de l'expression de M. le vice-amiral Duperré, avec toute l'habileté d'un officier de mer consommé, vient de mettre le comble à sa gloire. M. le capitaine Hugon peut avoir cinquante ans. Il est petit, de peu d'embonpoint, et concourt à prouver, avec beaucoup d'autres, que ce ne sont pas toujours les plus grands corps qui renferment les plus grandes âmes.

Armée de Terre.

LISTE

PAR ORDRE ALPHABÉTIQUE

DES OFFICIERS, SOUS-OFFICIERS ET SOLDATS

Qui se sont le plus particulièrement distingués,

AVEC DES NOTES SUR CEUX QUI NOUS SONT CONNUS.

ABADIE, capitaine au 37ᵉ de ligne, brigade Achard, division Berthezène, est né dans les environs de Toulouse. Il se destina d'abord à la marine, et était, vers 1807, aspirant dans le port de Brest. Il fut placé en qualité de sous-lieutenant dans un des régimens d'ouvriers et de marins qui, à cette époque, furent formés pour la garde des ports. Au licenciement de ces régimens, il entra avec son grade dans l'armée de terre. Il devint bientôt lieutenant et fit plusieurs des grandes campagnes de l'empire. Après avoir fait la dernière guerre d'Espagne, comme capitaine au premier régiment d'infanterie de ligne, il passa dans le 37ᵉ. Au mois de novembre 1827, il fut employé avec sa compagnie à dissiper les rassemblemens de la rue Saint-

Denis. La modération de sa conduite dans cette malheureuse affaire le fit citer honorablement par la cour dans son arrêt de non lieu. Enfin, il a été désigné par M. de Bourmont (bulletin du 17) comme un des officiers qui se sont le plus distingués dans la journée du 14, au combat de Sidi-Ferruch.

ALBENAS (d') s'est distingué au combat du 29 juin et jours suivans : est cité dans le bulletin du 6 juillet.

Cet officier, ayant souffert, le 27, une forte contusion au bras par l'atteinte d'un boulet, ne voulut pas néanmoins se retirer : il fut de nouveau blessé le 29. Mentionné dans le rapport du premier juillet.

AUGIS, chirurgien-major du 37e, brigade Achard, division Berthezène; cité dans le bulletin du 22 juin pour sa conduite dans le combat du 19.

AUPIC, chef de bataillon d'état-major de la division Loverdo, cité dans le bulletin du 22 comme s'étant particulièrement distingué au combat de Staoneli ou Sidi-Khalef. Il est natif des environs de Gravelines. Entré à l'école militaire, il en sortit pour prendre part aux dernières guerres de l'empire. En 1823, il fit la campagne d'Espagne, comme aide-de-camp du général Menadier, chef d'état-major du 3e corps, celui du du prince de Hohenlohe. Il fut fait chef de bataillon à Sainte-Marie, près Cadix, à l'instant où il apportait la nouvelle de la reddition de Santona. Depuis, il devint aide-de-camp du prince de Hohenlohe, emploi qu'il a rempli jusqu'à la mort de de ce maréchal. Le chef de bataillon Aupic a une réputation de bon officier.

BACHE, sous-lieutenant au 2e d'infanterie légère, division Berthezène, brigade Poret de Morvan, honorablement cité dans le deuxième bulletin, au sujet du combat du 14 juin.

BELLECARD, capitaine au 14e de ligne, division Berthezène, brigade Achard, distingué au combat de Sidi-Ferruch, cité dans le deuxième bulletin.

BESSIÈRES, sous-lieutenant au 3ᵉ de ligne, division Berthezène, brigade Poret de Morvan; cité également dans le bulletin du 17. Ce jeune officier et M. Charles de Bourmont, sont entrés les premiers dans une batterie ennemie.

Il a reçu pour ce fait d'armes la croix de Saint-Louis. Ce jeune officier est fils de l'ancien général de ce nom et neveu, dit-on, du maréchal, duc d'Istrie, tué dans la compagne de Saxe. Élève de l'école de Saint-Cyr, il reçut le brevet de sous-lieutenant en 1823, et n'est lieutenant que de 1830.

BIRÉ, officier du 20ᵉ de ligne, division Berthezène, brigade Clouet, distingué au combat de Sidi-Khalef, cité dans le bulletin du 22.

BLANCHARD, capitaine de voltigeurs du 6ᵉ régiment de ligne, division Loverdo, brigade Danremont, s'est distingué au combat de Staoneli ou Sidi-Khalef; mentionné au bulletin du 22 juin.

BORNES, chef de bataillon d'état-major, aide-de-camp du lieutenant-général d'Escars, troisième division; cité dans le bulletin du 28, comme ayant eu un bras emporté par un boulet de 24. Cet officier est né en Auvergne. Sorti de l'école militaire vers la fin des guerres de l'empire, il entra dans l'artillerie, et fit la campagne de 1814. Admis comme capitaine dans le corps d'état-major, il fut aide-de-camp du général Margaron, et fit en la même qualité, près du duc de Dino, la campagne de 1823. Il fut fait chef de bataillon au Trocadéro. Il entra ensuite en disponibilité, mais fut en 1826, employé dans son grade à l'état-major de la première division militaire. Le chef de bataillon Bornes est du reste, comme le dit le bulletin, un officier très-distingué.

BROSSARD (marquis de), colonel d'état-major, cité dans le bulletin du 22, à l'occasion du combat du 19.

BOULLÉ, lieutenant-colonel du 6ᵉ de ligne, deuxième division, brigade Danremont, est fils d'un ancien préfet des Côtes-du-Nord, qui le fit admettre à l'école militaire. Il servit avec distinction dans les dernières guerres de l'empire. Il fut fait lieutenant-colonel pendant la campagne de 1823, à laquelle il participa. C'est un très-petit homme, mais un très-bon officier.

BOURMONT (Amédée), le deuxième des quatre fils dont le général en chef s'est fait suivre en Afrique. Il s'engagea en 1816 comme simple soldat, dans un régiment de cavalerie. Il passa dans l'état-major à la formation de ce corps. C'est celui qui fut atteint d'une balle au combat du 24, et qui malheureusement est mort des suites de sa blessure.

BOURMONT (Charles), frère du précédent, aide-major au 3ᵉ de ligne, première division, brigade Poret de Morvan. Entré avec le lieutenant Bessières, à l'affaire du 14, dans une batterie non encore abandonnée. Ce jeune officier sort de l'école militaire. Il fit, en 1823, sa première campagne devant Cadix, il a, depuis, été lieutenant de grenadiers au 15ᵉ de ligne.

CANILLAC DE MONTBOISSIER (comte de), de la famille des Canillac d'Auvergne, dont le nom, au seizième siècle, figura dans les guerres de religion, doit tenir à bien plus grand honneur encore, d'être petit-fils de Malesherbes. Il naquit dans l'émigration, et eut pour parrain le roi actuel. Sa famille étant rentrée en France sous l'empire, le plaça à l'école militaire. Le jeune Canillac, à sa sortie, prit rang dans l'armée, et fit comme officier d'artillerie, les campagnes de 1813 et de 1814. La première restauration le trouva capitaine de cette arme dans l'ancienne garde. Il entra alors dans les mousquetaires, suivit à Gand la maison du roi, et à la formation des légions , fut fait lieutenant-colonel de celle de la Gironde , puis du 6e de ligne , dans lequel il fit la campagne d'Espagne. Enfin, il fut , en 1824, nommé colonel du 23e, qu'il commande encore aujourd'hui. M. de Canillac passe pour bon militaire. Il est aimé et estimé de son régiment. Le roi va , dit-on , l'élever au grade de maréchal de camp. ..

CERMI, soldat au 14e de ligne, brigade Achard, blessé et renversé par un boulet qui avait tué son chef de file , s'est relevé en criant vive le Roi. Il est mentionné au bulletin du 17 juin.

CHAMBAUD, chef de bataillon du génie , atteint d'un biscoyen à l'épaule, quelques heures après l'ouverture de la tranchée devant le fort de l'Empereur , a été mentionné avec distinction dans le bulletin du premier juillet. Nous apprenons aujourd'hui sa mort. L'armée perd en lui un excellent officier.

CLOUET, capitaine de carabiniers, au 4e léger, s'est distingué au combat du 14. Il est porté au deuxième bulletin.

DARRICAU, sous-lieutenant au 48e, brigade Monk d'Uzer, cité au bulletin du 22, comme ayant concouru avec distinction au combat de Sidi-Khalef.

DELACROIX, capitaine de voltigeurs du 49e, brigade Danremont, cité au rapport du 22, pour le courage qu'il montra au combat du 19, (Sidi-Khalef ou Staouéli.)

DELAFARRE, capitaine au 37e de ligne, brigade Achard, cité avec éloge dans le bulletin du 22, pour la part qu'il a prise au combat du 19.

DELAMARRE, lieutenant d'artillerie, commandait, le 19, deux pièces de 8, sur le front de la brigade Clouet. Il fit avec ces deux pièces des brèches considérables dans les rangs des Turcs , dont il détermina la fuite par quatre derniers coups à mitraille. Il est cité dans le bulletin du 22.

DELAURE, capitaine de voltigeurs au 4ᵉ léger, cité dans le bulletin du 17 pour sa conduite au combat de Sidi-Ferruch.

DROGUE, officier du 20ᵉ de ligne, brigade Clouet, cité au rapport du 22, comme s'étant distingué au combat de Si-di-Ferruch.

DUCHATELLIER, capitaine du 21ᵉ de ligne, brigade Colomb d'Arcine, cité dans le bulletin du 22 juin pour sa conduite courageuse au combat du 14.

FEUCHÈRES (baron de), colonel du 37ᵉ, brigade Achard. Son régiment est un de ceux qui se sont le plus distingués, surtout au combat du 19. M. de Feuchères est colonel depuis 1823.

FILHON, capitaine au corps des ingénieurs-géographes, a été chargé de faire exécuter les retranchemens de Sidi-Ferruch. M. de Bourmont l'a cité honorablement dans son rapport du 26.

HAUS, simple soldat au 2ᵉ léger, a, dans l'affaire du 19, refusé de quitter le champ de bataille, quoique blessé. Mentionné dans le bulletin du 22.

HORRIC DE LA MOTTE, colonel du 20ᵉ de ligne, brigade Achard, première division. La carrière militaire de M. de la Motte Horric, a cela de remarquable, qu'il a acquis tous ses grades en campagne et par quelqu'action d'éclat, aucun (celui de lieutenant-colonel excepté) à l'ancienneté et au choix. Il fit successivement la guerre en Italie, en Russie et en France, (campagne de 1814) et se trouvait à la restauration chef de bataillon, officier de la Légion-d'Honneur. Le Roi satisfait de sa conduite dans une circonstance délicate, lui donna la croix de Saint-Louis. Il fut peu de temps après nommé lieutenant-colonel, et fit en cette qualité, dans le régiment qu'il commande aujourd'hui, la campagne de 1823. La bravoure qu'il montra à l'affaire de Chiclana en avant du Trocadéro, le fit nommer colonel. Enfin, il va, dit-on, être

fait maréchal - de - camp pour sa conduite dans le combat
de Sidi-Khalef ou Straoneli, combat dans lequel il a été digne-
ment secondé par son lieutenant-colonel, en même temps son
proche parent, sorti comme lui de l'ancienne armée, M. Horric de Beaucaire, gouverneur du Luxembourg. M. Horric de
la Motte a une belle prestance militaire. Il sera d'ailleurs, si sa
nomination se confirme, l'un des plus jeunes généraux de
l'armée.

JACOBI, colonel, chef d'état-major de la 2ᵉ division, (celle
du général Loverdo) s'est distingué au combat du 19. Il a
épousé une fille du général de cavalerie Gérard.

JUCHEREAU DE SAINT-DENIS (baron), colonel d'é-
tat-major, adjoint à l'état-major. Il sera, dit-on, nommé maréchal-de-camp quoique non porté aux bulletins.

LARAGNAC, lieutenant au 29ᵉ de ligne, brigade Colomb
d'Arcine, cité au bulletin du 22 pour la part qu'il a prise au
combat de Staonéli.

LELIÈVRE, capitaine d'artillerie attaché à la division Loverdo, commandait, le 19, une batterie d'obusiers de mon-
tagne, à la droite de cette division. Il contribua beaucoup à
son succès. Il est cité avec distinction dans le bulletin du 22.

LEVÊQUE, lieutenant de voltigeurs du 15ᵉ de ligne, brigade Monk d'Uzer, a montré du courage et de l'intelligence
au combat de Sidi-Khalef, 19 juin.

MAGNAN, colonel du 49ᵉ de ligne, brigade Danremont,
deuxième division, entra comme simple soldat dans l'ex-garde.
En 1814, il avait déjà parcouru l'échelle des grades inférieurs.
A Soissons, sous les ordres du colonel Gérard, aujourd'hui
en Grèce, il se fit conciliateur entre ce colonel et son régiment mécontent et révolté. Il fut bientôt nommé chef de bataillon. Un acte tout politique lui valut en 1821 le grade de
lieutenant-colonel. Il fit en cette qualité la campagne d'Espagne

à la suite de l'état-major de l'armée de Catalogne. Nommé en
1826 colonel d'un régiment qui tenait garnison à la Martinique,
il n'en prit le commandement qu'après qu'il fut revenu en
France, et, en l'attendant, resta au dépôt. M. le colonel Magnan est un très-bel homme qui passe pour bien tenir les
troupes. Il peut avoir quarante-cinq ans. M. de Bourmont l'a
honorablement mentionné à l'occasion du combat du 19.

MANGIN, colonel du 15ᵉ de ligne, brigade Monk d'Uzer,
cité comme s'étant valeureusement conduit au combat du 19.
Tout ce que nous en savons, du reste, c'est qu'il n'est pas,
malgré l'identité de nom, parent de M. le préfet de police.

MOUNIER, colonel du 28ᵉ, brigade Clouet, première division, porté au bulletin du 22 comme un de ceux qui ont le
plus contribué à la victoire de Staoneli. Il a fait plusieurs campagnes dans l'ancienne armée où il avait le grade de chef de
bataillon. Nommé lieutenant-colonel depuis la restauration, il
fit en cette qualité, dans le 28ᵉ de ligne, la dernière guerre d'Espagne. Ayant passé ensuite dans la garde, il en sortit bientôt
pour rentrer comme colonel au 28ᵉ de ligne, qu'il a si valeureusement conduit. M. le colonel Mounier est brave et capable,
mais tient trop ses officiers à distance.

PERROT, capitaine d'état-major, attaché à la 2ᵉ division,
et honorablement mentionné pour sa conduite au combat du
19, est un élève de l'école militaire. Il a servi avant la restauration et a fait en 1823 la campagne de la Péninsule comme
aide-de-camp d'un général. Depuis lors, il a été aide-de-camp
du maréchal Jourdan.

RIBAN, capitaine d'état-major, officier d'ordonnance de la
brigade Monk d'Uzer a été porté au bulletin du 22, en même
temps et pour le même fait que le précédent.

ROUSSELIN, soldat au 37ᵉ, brigade Achard, a refusé, le

19, quoique blessé, d'abandonner le champ de bataille. Cité au bulletin du 22,

SURVICY, sous-lieutenant au 14ᵉ de ligne, brigade Achard, son nom se trouve inscrit sur le bulletin du 22, au sujet du combat de Staoneli.

TRÉMOUX, chef de bataillon au 37ᵉ, brigade Achard, cité pour la part remarquable qu'il a prise au combat de Staoneli.

VERNIER, lieutenant d'artillerie, attaché à la division Berthezène, s'est invariablement tenu le 19 sur la ligne et en avant des tirailleurs.

VIGEVILLE (Nouail de la), colonel du 6ᵉ de ligne, brigade Danremont, doit, dit-on, quoique non mentionné sur les bulletins, être élevé au grade de maréchal-de-camp. Natif des environs de Saint-Malo, il émigra très-jeune avec sa famille; rentré avec elle vers 1803, il obtint d'être nommé adjoint aux commissaires des guerres, et fit en cette qualité l'avant-dernière guerre d'Espagne, dans le corps d'armée du duc de Bellune. Il suivit la carrière du commissariat jusqu'en 1815, qu'il entra dans l'armée active comme lieutenant-colonel de la légion des Côtes-du-Nord, le 12ᵉ de ligne. Il fut nommé colonel pendant la campagne de 1823 qu'il fit dans le corps d'armée du maréchal Molitor.

Nous citerons comme s'étant particulièrement distingués, quoique les bulletins n'en parlent point, M. Cerfberr, sous-lieutenant, officier d'ordonnance du général Poret de Morvan. Commandant l'avant-garde de la première division, il s'est, dans sa valeureuse impatience, jeté à la nage, au moment où s'allait opérer le débarquement, et a ainsi conquis la gloire de toucher le premier le sol africain. Ce jeune officier de la plus grande espérance faisait, en 1823, sa première campagne. Il débuta d'une manière extrêmement brillante à la prise du Trocadero, et y reçut la croix de la Légion-d'Honneur. Il a depuis été en Morée, et est en Afrique, en sorte qu'il a concouru aux trois campagnes, faites depuis la restauration : *Duvivier*, capitaine du génie, attaché à l'état-major du corps de cette arme envoyé en Afrique, est tout à la fois officier et écrivain militaire distingué. M. le capitaine Duvivier propose un système de guerre entièrement neuf : il a pour principal antagoniste M. le général Valazé sous lequel il sert. Outre un grand nombre d'articles remplis d'une véritable érudition qu'il a fait insérer en différens temps dans le journal des sciences militaires de terre et de mer, il vient de publier sous le titre d'*Observations sur la guerre de la succession d'Espagne*, un ouvrage militairement intéressant, où il fait l'application de ses principes. M. Duvivier, élève distingué de l'école polytechnique, fut du nombre de ces jeunes braves dont le courage prématuré arrêta pendant un jour, sous les murs de Paris, l'armée des coalisés. Il fut employé plusieurs années en Corse et dix-huit mois à la Martinique.

Armée navale.

Liste des marins honorablement cités par le commandant en chef de l'armée navale.

M. le vice-amiral Duperré cite pour l'activité, le zèle et le courage qu'ils ont déployés, MM. Andréa de Nerciat, capitaine du brick *l'Alerte*; Leblanc, capitaine du brick *le Dragon*; Guindet, capitaine du brick *la Badine*; Louvrier, capitaine du bateau à vapeur *le Nageur*; Sarlat, capitaine du bateau à vapeur *le Sphinx*; Hamelin, capitaine du brick *l'Ac* téon ; Ferrin, capitaine de la corvette *la Bayonnaise*; Sion, chef de grande hune de la frégate *la Thétis*, et François Brunon, matelot de première classe de *la Surveillante*, qui, tous deux emportés par leur courage, s'élancèrent ensemble dans le fort de *Torre-Chica*, et y arborèrent le pavillon du roi; un camarade de Brunon, le matelot de première classe François-Marie Guillevin, venait d'avoir la cuisse emportée par un boulet, qui atteignit également, mais sans les blesser grièvement, le lieutenant de vaisseau Dupont et le matelot de deuxième classe Alexis Duguin.

Le commandant en chef de l'armée, loue particulièrement, en outre, comme ayant été plus à portée de les distinguer, MM. les lieutenans de vaisseau de Villebranche, Henry, Pénaud, l'enseigne de Sercey (attachés à l'état-major); et surtout, MM. le contre-amiral de Rosamel, commandant en second l'armée; le contre-amiral Mallet, major-général; le capitaine de vaisseau baron Hugon, commandant la flotille d'avant-garde; le capitaine Lemoine, commandant de la réserve; M. de Villaret, capitaine de pavillon du vaisseau amiral; le capitaine Massieu de Clerval, commandant précédemment le blocus, et son premier adjudant, le lieutenant de vaisseau Lemarié; Remquet, major de la première escadre, et les deux sous-aides-major Roi et Fontbonne.

Mais MM. de Remquet et Massieu, sont de la part de M. le vice-amiral, l'objet d'une recommandation plus particulière.

FIN.

Imprimerie de CH. DEZAUCHE,
Faubourg Montmartre, No. 11.

www.ingramcontent.com/pod-product-compliance
Lightning Source LLC
LaVergne TN
LVHW022143080426
835511LV00007B/1237